L'ALLIANCE FRANCO-RUSSE

DEVANT

LA CRISE ORIENTALE

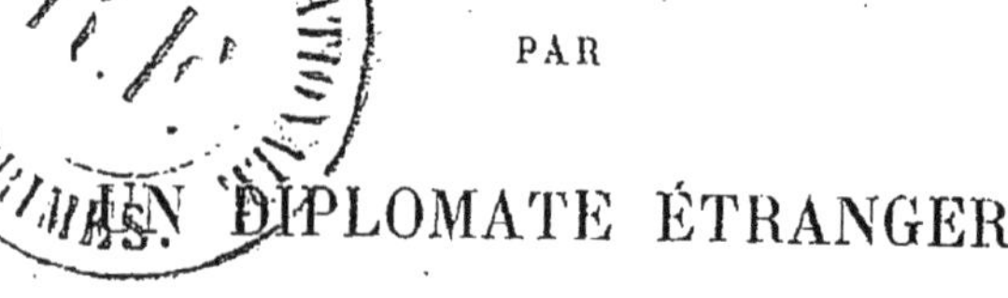

PAR

UN DIPLOMATE ÉTRANGER

PARIS
LIBRAIRIE PLON
E. PLON, NOURRIT ET Cie, IMPRIMEURS-ÉDITEURS
RUE GARANCIÈRE, 10

1897

L'ALLIANCE FRANCO-RUSSE

DEVANT

LA CRISE ORIENTALE

Ce volume a été déposé au ministère de l'intérieur (section de la librairie) en mai 1897.

PARIS. TYP. DE E. PLON, NOURRIT ET Cie, 8, RUE GARANCIÈRE. — 2627.

L'ALLIANCE FRANCO-RUSSE

DEVANT

LA CRISE ORIENTALE

PAR

UN DIPLOMATE ÉTRANGER

PARIS
LIBRAIRIE PLON
E. PLON, NOURRIT ET Cie, IMPRIMEURS-ÉDITEURS
RUE GARANCIÈRE, 10

1897

L'ALLIANCE FRANCO-RUSSE

DEVANT

LA CRISE ORIENTALE

La question d'Orient est à l'ordre du jour. Le sort de l'Empire ottoman inspire de vives préoccupations à tous ceux qui, en Europe, ont charge d'âmes. On travaille silencieusement dans les chancelleries pour prévenir les calamités dont l'éventualité est à prévoir, ou, tout au moins, pour tirer le meilleur parti des circonstances.

De temps en temps, les hommes qui dirigent la politique des cabinets font entendre des paroles qu'on s'empresse de recueillir et de commenter; mais les hommes d'État n'ouvrent pas toujours la bouche pour dire ce qu'ils pensent, et ils ne disent jamais tout ce qu'ils pensent. Le public n'a donc, pour se guider, que les élucubrations de publicistes de profession ou les confidences de diplomates en disponibilité. Ce n'est peut-être pas assez.

Celui qui écrit ces lignes croit avoir lu à peu près tout ce qui a paru dans ces derniers temps sur la question d'Orient. Cette lecture, parfois instructive pour le passé, ne lui a appris que peu de chose sur le présent et rien sur l'avenir. La plupart de ces publications ne concluent pas.

On chercherait en vain ici des indiscrétions. L'auteur ne s'attache qu'aux faits connus de tous. Mais il se permet d'en tirer des conséquences.

Il semble, en effet, qu'il y ait un intérêt essentiel à ce que le public soit mis sans retard au courant de certaines réflexions qui ont cours dans les cabinets et dans les chancelleries. Le public français est peut-être celui qui a le plus besoin d'être renseigné. Telle est la raison qui fait que cette courte étude est adressée à ce public par un étranger ami de la France.

I

Le dix-neuvième siècle touche à sa fin : dans trois ans, il aura vécu. La France compte inaugurer le vingtième par une exposition grandiose à laquelle elle a convié toutes les nations de l'univers. Ce projet ne peut être réalisé qu'à la faveur de la tranquillité générale : la République française fera donc tous ses efforts pour que la paix du monde ne soit pas troublée. Dans toutes les capitales, d'ailleurs, aussi bien qu'à Paris, les chefs d'État célèbrent à l'envi les bienfaits de la paix et affirment leur ferme intention de la faire régner autour d'eux. Quant aux peuples, attachés chaque jour davantage aux douceurs de l'existence, de plus en plus impressionnés par le caractère brutal des inventions contemporaines, ils expriment avec une éloquence grandissante l'horreur que la guerre leur inspire. Il est vrai qu'il y a une grande ombre à ce tableau. De toutes parts, on entasse armements sur armements, les budgets de la guerre et de la marine sont presque partout en progression, et les dépenses énormes consacrées à l'entretien des troupes de terre et de mer, ainsi qu'à la fabrication du matériel de guerre, pèsent lourdement sur les finances de la plupart des pays. Mais, bien que cet état de choses inspire de sérieuses inquiétudes, il ne semble pas de nature à précipiter les événements. En réalité, les grandes puissances de l'Europe ont soutenu victorieusement ces dépenses, et, encore une fois, le *Si vis pacem, para bellum* a eu raison contre les pessimistes.

On serait donc porté à croire que la paix est assurée pour quelques années, au moins jusqu'en 1901, n'était la question d'Orient. Par malheur, l'horizon, de ce côté, est toujours chargé de nuages menaçants, et bien aveugles seraient ceux qui ne le verraient pas.

L'homme malade ne s'est pas guéri. Tous les remèdes qu'on a tentés ont été reconnus inefficaces, même les plus violents. L'amputation de certains membres n'a pas empêché l'envahissement graduel de la gangrène. Aujourd'hui, le tronc est atteint, et la tête, qui est

Constantinople, a été, à son tour, attaquée par le virus.

Peut-être aurait-on pu prévenir la dernière crise, ou tout au moins en circonscrire les effets. Pour obtenir ce résultat, une vigilance extrême eût été de rigueur : il eût fallu une intervention à la fois opportune, générale et énergique. De bons juges estiment qu'il convenait de se montrer aussi dur vis-à-vis du Sultan qu'inexorable à l'égard des comités grecs et arméniens. Ces derniers ont été en quelque sorte encouragés dans leurs menées audacieuses par l'inertie des gouvernements. L'Europe aurait dû empêcher, coûte que coûte, le Turc de faire retomber sur tout un peuple le crime de quelques-uns. Elle a eu, quoi qu'on dise, le tort de rester impassible en face de massacres d'un ordre particulièrement répugnant. Revenues de leur erreur, en présence d'éventualités menaçantes, les grandes puissances ont fini par tomber d'accord, et, avec une bonne foi au moins apparente, elles essayent d'infuser un sang nouveau à l'homme malade.

Certes, ce n'est pas la première fois que la Turquie passe par des crises de ce genre, et, à plusieurs reprises, on a pu croire et on a cru que l'heure fatale était sur le point de sonner. On a toujours réussi à éloigner une échéance que chacun redoute plus ou moins. Mais les maladies épuisent les malades, et elles les ruinent. Jusqu'en ces derniers temps, le Turc pouvait supporter les remèdes énergiques ; il arrivait à payer ses infirmiers, sinon ses médecins. Il se trouve aujourd'hui sans argent et, ce qui est infiniment plus grave, sans crédit.

La situation a donc considérablement empiré. Sans aller aussi loin que les pessimistes qui le voient déjà agonisant, il faut bien reconnaître qu'il ne résisterait pas à une crise prolongée, et que cette crise, malgré la victoire des Turcs sur les Grecs, peut surgir d'un moment à l'autre. Or, comme en politique la prudence ne consiste pas seulement à envisager ce qui est probable, mais ce qui est possible, il y a lieu de se demander, dès maintenant, quelles seraient les conséquences vraisemblables de la mort du Turc, quand bien même cet événement ne viendrait pas à se produire, et à la seule fin de ne pas se laisser surprendre par les circonstances.

II

La mort du Turc n'est rien; c'est la liquidation de sa succession qui est tout. Si ruiné, si amoindri qu'il soit, il possède encore de belles provinces en Europe, en Asie, en Afrique; il détient un joyau précieux entre tous : Constantinople, la nouvelle Rome, la ville que les Césars avaient choisie librement pour être le siège du gouvernement universel. A qui attribuer ce riche héritage? Quel sera le légataire universel, ou, si le patrimoine ne revient pas à un seul, quels seront les héritiers, et dans quelle mesure seront-ils admis à concourir? Autant de questions, autant de problèmes épineux, en face desquels plusieurs générations de diplomates et d'hommes d'État ont pâli, sans découvrir de solution. Si on n'est pas parvenu à trouver une combinaison satisfaisante dans le silence des cabinets, pendant les longues périodes de paix que l'Europe a traversées, peut-on espérer qu'on rencontrera subitement une lueur conductrice au moment où, les événements s'étant précipités, le *de cujus* aura rendu le dernier soupir, au milieu des convulsions que sa nature violente laisse prévoir?

Pour remplacer pacifiquement le Turc, il n'y a personne, parce qu'il y a tout le monde. Jadis, de provinces révoltées on a pu faire la Grèce, la Roumanie, la Serbie, la Bulgarie; un vassal victorieux est devenu quasi indépendant en Égypte. Ces errements ont à peu près cessé d'être praticables. D'une part, il n'y a plus ou presque plus de provinces habitées par une population chrétienne homogène, dont on puisse faire du jour au lendemain une principauté tributaire ou un royaume indépendant. Les Arméniens, disséminés sur toute la surface de l'Empire, ne se trouvent nulle part en majorité. On ne peut créer une Arménie tout d'une pièce, comme on a créé une Grèce ou une Roumanie. Géographiquement, il n'y a pas d'Arménie. En Macédoine, pas davantage de nationalité éminente. On y rencontre, à côté du Musulman, des Grecs, des Bulgares, des Koutzo-Valaques, des Serbes. On pourrait sans doute arriver, avec le temps, à composer des cercles circonscrits, où la nationalité la plus énergique finirait par l'emporter et par absorber les autres; mais cet expédient serait difficilement compatible avec les appétits insatiables que l'ouverture de la succession turque engendrerait à coup sûr parmi ces chrétientés rivales.

Il faut bien admettre, d'autre part, que les maîtres actuels ne se laisseront pas dépouiller sans protestation. Certes, on a fait une part trop large au fanatisme des Turcs dans les récents massacres. Ces derniers se sont montrés surtout les sujets obéissants et disciplinés du Sultan. Mais, de l'avis de tous, les Musulmans de l'Empire sont à la fois incapables de se soumettre à la loi des chrétiens et dotés des qualités qui en font des soldats de tout premier ordre. Ils déploieront donc une énergie suprême à défendre leur patrimoine contre les ennemis traditionnels de leur foi et de leur race, et il faudra verser des flots de sang pour avoir raison de leur résistance.

Les grandes puissances devront donc intervenir rapidement avec des forces redoutables afin d'épargner, à ces régions, les calamités de l'anarchie. Or, comme l'Europe ne voudra pas confier à une seule puissance la mission difficile de pacifier ces vastes contrées, on verra simultanément d'imposantes forces militaires et navales, appartenant à des nations diverses, assemblées en Orient. Ce fait seul constituerait déjà un grave danger pour la paix du monde; mais les peuples ont réalisé, dans les derniers temps, des progrès sensibles, et je consens à admettre que la sagesse des cabinets parvienne à conjurer ce premier péril, et à rétablir l'ordre dans les anciennes provinces de l'Empire ottoman. Restera toujours la question du règlement des comptes. Un congrès peut, à la vérité, se charger de ce soin ; mais comme ce congrès sera presque uniquement composé des intéressés, je ne crois pas me montrer pessimiste à l'excès en prévoyant la difficulté d'arriver à une entente. Il ne sera pas facile, en effet, d'amener les puissances occupant militairement les territoires qu'elles ont longtemps convoités, à les abandonner volontairement. L'expérience nous apprend qu'il est illusoire de compter sur le désintéressement de ceux qui sont au-dessus du droit. *Beati possidentes!* Ce que les premiers occupants détiendront, ils chercheront sans doute à le retenir. Il s'agit donc d'un partage éventuel; mais alors quels seront les appelés... et les élus?

La Russie émettra ses prétentions traditionnelles. Depuis Pierre le Grand, ses princes se considèrent comme les héritiers nés des Césars de Byzance. La sainte Russie est la protectrice naturelle des églises d'Orient; elle a versé son sang pour arracher au joug de l'infidèle les chrétientés balkaniques. Ses intérêts, il est vrai, se sont quelque peu déplacés ; mais au jour du partage (si ce jour se lève à l'horizon), elle s'opposera à ce qu'une autre puissance essaye de dominer dans les Balkans, et surtout de s'établir à Constantinople. Ce qu'elle voudra avec une indomptable énergie, c'est le libre accès des détroits pour sa marine ; et elle cherchera à se tailler la part du lion en Asie Mineure. Je n'entends pas ici que ses prétentions actuelles aillent jusque-là ; j'incline seulement à croire que les événements la conduiront à formuler, plus ou moins ouvertement, un programme de ce genre, quitte à faire sur tel ou tel chapitre, selon les circonstances, les modifications qui lui paraîtront opportunes.

L'Autriche croit également avoir une mission. Le traité de Berlin lui a tracé sa voie. La monarchie des Habsbourg a accepté la tâche peut-être ingrate, mais tentante, d'organiser certaines régions des Balkans. Elle sera séduite par la perspective de les organiser toutes, c'est-à-dire de les annexer.

La Grande-Bretagne jugera que le moment est venu de s'attacher l'Égypte à titre définitif, et, pour achever de transformer la Méditerranée en lac anglais, elle songera à mettre la main sur les Dardanelles. De graves raisons politiques l'engageront également à établir son influence en Syrie sur des bases solides, non seulement parce que la Syrie domine et peut menacer l'Égypte, mais parce que ce pays est le point de départ naturel de la ligne ferrée qui doit un jour relier Malte et Chypre aux Indes par la vallée de l'Euphrate.

L'Italie, on peut s'y attendre, émettra, le cas échéant, de grandes prétentions. Il y a beaux jours qu'elle convoite la Tripolitaine, et le mariage de l'héritier de la couronne avec une princesse monténégrine ne peut que la confirmer dans les desseins ambitieux qu'elle a déjà formés sur l'Albanie.

On ne voit pas au juste sur quelle province de l'Empire ottoman la France jetterait son dévolu ; mais comme elle assume, depuis des siècles, le protectorat des Latins en Orient, qu'elle a autrefois tiré l'épée pour défendre les Maronites et qu'elle possède déjà l'Algérie et la Tunisie, il est permis de penser qu'elle ne voudra pas sortir les mains vides du congrès qui déterminera, à l'issue de la crise, la part de chacun dans les dépouilles du Turc. L'âpreté avec laquelle la République dispute actuellement l'Égypte aux Anglais dissiperait, au besoin, tous les doutes à cet égard.

Seule, parmi les grandes puissances, l'Allemagne proclame, d'ores et déjà, qu'elle ne se connaît pas d'intérêts essentiels en Orient et dans la Méditerranée.

Ce rapide examen ne laisse pas d'être instructif. Qui ne voit, sur-le-champ, que ces prétentions avouées, tacites ou encore inconscientes, sont purement et simplement inconciliables?

L'Angleterre peut-elle admettre que les Russes s'établissent sur les deux rives du Bosphore et se répandent en Asie Mineure? Ce serait souscrire à la prise de possession de points qui feraient, en peu de temps, de la Russie une puissance méditerranéenne de premier ordre ; ce serait lui livrer une nouvelle route des Indes ! Je ne pense pas et aucun homme politique avisé ne peut penser qu'il y ait, sur ce terrain, une base possible d'accommodement

Les causes de conflit entre la Russie et l'Autriche sont également nombreuses. L'antagonisme des deux puissances dans la péninsule des Balkans a donné naissance à des incidents qui sont dans la mémoire de tout le monde, et qu'il est superflu de rappeler. Sans doute, il y a une école en Russie qui prétend que le cabinet de Saint-Pétersbourg pourrait s'arranger sur ce point avec celui de Vienne; qu'on pourrait laisser à l'empire des Habsbourg le soin d'organiser ces régions comme il l'entendrait, pourvu que la chancellerie autrichienne tolérât l'établissement des armées moscovites à Constantinople; mais on verra plus loin que cette manière de voir n'est qu'un pis aller.

La France abandonnerait-elle l'espoir de voir l'Égypte indépendante? Admettrait-elle que la Syrie échappât à son influence? Pourrait-elle consentir à voir, sans d'équitables compensations pour elle, les Italiens s'établir à Tripoli? Il paraît naturel de répondre à ces questions par la négative.

Si ces prétentions sont inconciliables, comme il n'existe en Europe aucun tribunal pour en décider, il faut bien admettre que l'ouverture de la succession ottomane ne saurait s'effectuer sans provoquer une grave perturbation de la paix en Orient, ou, pour trancher le mot, sans amener la guerre.

III

Des considérations qui précèdent il résulte que la guerre, si elle éclate, sera générale, et l'expérience du passé autorise à prédire que les intéressés se partageront en deux camps. Il est également permis de penser que la Russie et l'Angleterre arboreraient des bannières ennemies, leurs intérêts étant diamétralement opposés, je ne dis pas seulement en Orient, mais partout.

D'un côté, la Russie; de l'autre, l'Angleterre. — Dans quel camp se rangeront l'Allemagne, l'Autriche, l'Italie, la France? Il convient de le rechercher.

L'Allemagne fait partie de la Triple Alliance, cela est vrai, mais elle proclame n'avoir pas d'intérêts de premier ordre à défendre en Orient. Rien ne l'obligerait donc à prendre, de prime abord, parti dans la querelle, car le traité de la Triple Alliance, ou du moins ce qui en a été publié, ne prévoit pas l'hypothèse d'une guerre dont l'ouverture de la succession turque serait l'occasion. Fidèle à de prudentes traditions, l'Allemagne resterait sans doute l'arme au bras pendant le conflit, quitte à intervenir plus tard en « honnête courtier » d'affaires, au moment du règlement final.

L'Autriche-Hongrie a, en Orient, des vues qui paraissent difficilement conciliables avec celles de la

Russie. La politique qu'elle a poursuivie, depuis que le traité de Berlin lui a concédé le protectorat de la Bosnie et de l'Herzégovine, l'incline à s'étendre de plus en plus dans la péninsule des Balkans, au dépens des protégés et des clients du Tsar. D'autre part, chassée presque simultanément de l'Allemagne et de l'Italie, l'Autriche ne peut songer à s'agrandir que de ce côté. N'ayant d'autres ports que Trieste, Pola et Fiume, elle ne peut se défendre de convoiter Salonique. Il faudra donc que le cabinet de Saint-Pétersbourg en vienne à discuter la part qui peut être attribuée à la monarchie des Habsbourg dans la succession des Sultans.

Si la Russie se montre intransigeante ou seulement peu libérale, comme son devoir envers quelques-uns des États balkaniques semblerait l'exiger, l'Autriche ne fera aucune difficulté pour lier définitivement partie avec l'Angleterre, et l'Italie s'embarquera nécessairement dans la même galère. L'Allemagne ne pourra refuser son appui, tout au moins moral, à ses alliés. Elle mobilisera son armée afin d'être prête à tout événement. La Russie se trouvera, par conséquent, aux prises avec une coalition dont il serait puéril de se dissimuler la force.

Mais, dira-t-on, elle aura la France à ses côtés.

Là est, à mon avis, le nœud de la question.

Certes, entre la France et la Russie l'union est intime, scellée qu'elle est, non entre chancelleries, mais entre l'empereur Nicolas et le peuple français. Les hommes d'État russes savent que le gouvernement de la République ferait l'impossible pour prêter son concours à son alliée, le jour où celle-ci serait menacée dans ses intérêts les plus chers. Mais il importe de se demander dès maintenant si, malgré sa bonne volonté, la France aurait la faculté d'agir selon ses désirs ; car, tout autorise à l'admettre, l'accord entre les deux États dont il s'agit n'envisage pas plus l'éventualité d'un partage de la Turquie que celle d'une guerre générale dont l'Orient serait le théâtre. On a examiné, de part et d'autre, le parti qu'il y aurait lieu de prendre dans le cas de l'agression d'un ou de plusieurs membres de la Triple Alliance ; on s'est entendu sur les grandes lignes de la politique générale, on n'a pas dû aller plus loin.

Si le gouvernement russe n'a pu s'engager à mettre son épée et ses diplomates au service de la France en vue d'une revision du traité de Francfort, ce que la France n'a, d'ailleurs, jamais demandé, il ne peut pas prétendre que la France mobilise ses forces pour lui permettre d'étendre son territoire en Europe ou en Asie. On le comprend admirablement sur les bords de la Néva.

En cas de grave perturbation de la paix en Orient, la République serait, en conséquence, souveraine maîtresse de ses décisions, et elle n'aurait à consulter que ses intérêts particuliers, d'autant plus que ceux-ci, il n'est pas inutile de le constater en passant, peuvent se concilier fort bien avec ceux de la Russie.

Mais on ne saurait méconnaître que la France aurait, à d'autres égards, des sujets sérieux de préoccupations. Depuis 1870, cette puissance est l'adversaire passionnée de l'Allemagne. Le traité de Francfort lui a été imposé par la force; elle en considère les clauses comme humiliantes autant que désastreuses, et n'a pas encore pris son parti de la perte de l'Alsace et de la Lorraine. L'idée de la revanche tient au cœur de tous les Français, et beaucoup d'entre eux — les naïfs et les enthousiastes — n'ont salué l'alliance russe que comme l'instrument futur de la délivrance des provinces captives. L'Allemagne connaît ces sentiments, et elle agit en conséquence. Depuis plus de vingt-cinq ans, de part et d'autre, on a levé et instruit les troupes, accumulé les armements, construit des forteresses, élaboré les plans de mobilisation et de campagne presque exclusivement en vue d'une guerre dont l'Alsace-Lorraine et la Champagne seraient à la fois le théâtre et le prix.

La perspective d'une grande guerre, éclatant à l'improviste du côté des Vosges, pèse depuis un quart de siècle sur la politique des deux pays. C'est elle qui a détourné la France de participer à la campagne entreprise par les Anglais, en vue de rétablir sur les bords du Nil l'ordre troublé par la révolte d'Arabi. C'est elle qui a empêché, l'année dernière, l'empereur Guillaume de pousser ses avantages contre la Grande-Bretagne, lors de l'équipée brutale du flibustier Jameson.

L'hypothèse d'une guerre en Orient n'est pas de nature à troubler l'Allemagne dans sa quiétude. Il lui suffirait d'observer une neutralité armée pour sauvegarder ses intérêts. N'ayant aucune raison propre de prendre immédiatement part à la lutte, elle en suivrait de loin les péripéties, quitte à jeter, au moment opportun, dans la balance, le poids de son épée ou le poids de son vote.

Il est permis de se demander quel parti assumerait la France en pareille conjoncture. Je n'hésite pas à dire qu'elle se trouverait inopinément dans la plus cruelle alternative qui pût être imposée à un grand pays.

Refuser de coopérer à une action militaire avec la Russie, équivaudrait à déchoir dans l'estime des Russes ; bien plus, ce serait s'exposer, presque à coup sûr, à perdre le droit d'élever la voix au moment du règlement des comptes, quelle que fût, d'ailleurs, l'issue de la lutte.

D'autre part, se jeter dans la mêlée, ne serait-ce pas commettre un de ces actes de souveraine imprudence qui équivalent presque au suicide? Pour arriver en Orient, les Français devraient traverser la mer, c'est-à-dire affronter les escadres combinées de l'Angleterre, de l'Italie et de l'Autriche. Qui ne voit les suites d'une semblable entreprise? Les flottes immobilisées ou détruites, le commerce extérieur ruiné, les colonies à la merci des Anglais. Et pendant ce temps, les Allemands armés de toutes pièces veilleraient au pied des Vosges, prêts à faire entendre le *quos ego*, à l'heure qui leur paraîtrait propice.

Entre deux maux, la France choisirait vraisemblablement le moindre. En dépit de la générosité de leur caractère, les Français feraient contre fortune bon cœur, et resteraient spectateurs non pas désintéressés, mais inactifs de la lutte. Ce serait une dure nécessité, et ils ne s'y soumettraient que la mort dans l'âme. Je plaindrais les hommes qui se trouveraient pour lors au pouvoir. Il est certain que le peuple, éclairé soudain, n'hésiterait pas à leur faire payer la faute de tous, et ce serait miracle que les institutions pussent résister à la poussée d'indignation qui soulèverait alors l'âme populaire.

Quant à la Russie, elle n'aurait qu'une conduite à tenir. Ne pouvant compter sur le concours effectif d'aucune puissance, elle serait obligée de composer avec l'Autriche. A première vue, les intérêts de ces deux empires sont inconciliables, on l'a déjà montré. Au fond, cela peut n'être pas tout à fait juste. Sans doute, l'Autriche ne peut pas renoncer à s'agrandir du côté des Balkans; mais la Russie se trouve dans une situation différente. Maîtresse de la Sibérie et d'une partie de l'Asie centrale, elle a des intérêts partout et peut, momentanément, sacrifier un de ses nombreux objectifs pour assurer le succès de sa politique sur d'autres points. Rien ne l'empêche de dire à l'Autriche : « Vous désirez rester maîtresse dans la péninsule des Balkans et assumer la lourde tâche d'organiser et de civiliser ces régions. Libre à vous. Vous ne trouverez, de mon côté, aucun obstacle; vous pourrez même vous établir à Salonique, mais à condition que, de votre côté, vous me laisserez la faculté de m'étendre à mon gré sur d'autres parties de l'empire des Osmanlis. » L'Autriche ne pourrait qu'agréer avec empressement une semblable proposition, qui lui permettrait d'obtenir, sans coup férir, l'objet même des efforts qu'elle multiplie depuis dix-sept ans; et M. de Goluchowski, fût-il encore au pouvoir à ce moment, devrait mettre un frein à ses ardeurs antirusses et en passer par les volontés du cabinet de Saint-Pétersbourg. L'Autriche amenée à composition, l'Italie n'aurait garde de s'exposer à une guerre longue et dispendieuse, en enfreignant l'exemple de ses deux puissants alliés. La situation de la Russie serait donc de tout point excellente, car elle pourrait se rire des cuirassés de l'Angleterre et avancer en Asie avec la sûreté qui apparaît dans les progrès qu'elle a réalisés sans bruit dans le dernier quart de siècle.

Mais que la France y réfléchisse! Pour elle, les circonstances ne sauraient être plus solennelles. Les Français doivent se convaincre que l'ouverture de la succession ottomane les mettrait inopinément aux prises avec des difficultés en quelque sorte insurmontables, et qu'il ne dépend pas d'eux que cette succession ne vienne pas à s'ouvrir. Ils se trouvent, dans la phase actuelle, exposés à un danger si pressant que, si je devais m'étonner de quelque chose, ce serait assurément qu'une voix autorisée ne se soit pas encore élevée, dans le silence universel, pour pousser le cri d'alarme. Certes, il n'est que temps de pourvoir au salut par des déterminations viriles. Les hommes qui dirigent le gouvernement ont déjà eu le bonheur de resserrer les liens qui unissent la Russie à la France : attendra-t-on en vain de leur patriotisme et de leurs lumières qu'ils complètent leur œuvre par les actes qu'exige la gravité exceptionnelle des conjonctures?

IV

Pour la France, voilà le péril ; cherchons si et comment elle pourrait le conjurer.

Puisqu'il ne dépend probablement pas plus de la France que de la Russie que les choses ne s'arrangent pas en Orient à la satisfaction de tous, et que le partage des provinces qui forment actuellement l'empire ottoman peut se présenter d'un jour à l'autre comme la solution rationnelle d'une situation de plus en plus anormale et précaire; puisque, d'autre part, l'alliance franco-russe n'est pas suffisante, en l'espèce, pour permettre à la France de défendre, le cas échéant, les droits et les intérêts qu'elle a en Orient, il est de toute évidence qu'elle devrait chercher, pendant qu'il en est temps, soit à se concilier des amis nouveaux, soit tout au moins à diminuer le nombre de ses adversaires éventuels.

De quel côté portera-t-elle ses regards?

Vers l'Angleterre? Non assurément, puisque l'Angleterre serait l'adversaire déclarée de la Russie et que la Russie est l'alliée de la France.

Vers l'Autriche? Pas davantage; car l'attitude de l'Autriche, on l'a vu plus haut, dépendra uniquement de celle de la Russie. D'ailleurs, l'Autriche est l'alliée de l'Allemagne et ne pourrait se rapprocher de la France sans le consentement du cabinet de Berlin.

Vers l'Italie? Non plus. Certes, avec le temps, la France peut espérer détacher ce pays de la Triple Alliance, en lui offrant des avantages sur le terrain économique et financier, aussi bien que sur le terrain politique. Mais il s'agit là d'un travail de longue haleine. Sans parler des engagements plus ou moins contractuels qui subordonnent son action politique à celle de l'Angleterre, l'Italie est encore liée pour plusieurs années aux empires du centre, et il y aurait quelque puérilité à tenter de l'en détacher aujourd'hui.

Reste l'Allemagne!

Ici, j'entends de hauts cris monter jusqu'au ciel. Les sentiments les plus respectables et les plus nobles semblent élever une barrière infranchissable entre les deux nations. Qu'importe? Les sentiments ne sauraient prévaloir contre les faits, et les faits sont là dans leur silencieuse éloquence.

Je pose cette question aux Français. Avec une Allemagne hostile et une Russie occupée ailleurs, quel est l'homme d'État, si léger soit son cœur, qui oserait proposer à la France de se jeter dans une guerre lointaine et obscure? Si le cabinet présidé par M. de Freycinet a refusé, par crainte de l'Allemagne, d'envoyer un petit corps expéditionnaire en Égypte, quel ministre voudrait proposer aux Chambres d'affronter les forces navales de l'Angleterre, même si la flotte italienne se maintenait sur la réserve?

Poser la question, c'est, je crois, la résoudre.

Donc, de toute nécessité, ou réconciliation loyale avec l'Allemagne, ou l'abstention absolue avec toutes ses amoindrissantes conséquences.

La France peut-elle consentir à faire cet aveu d'impuissance catégorique et sans appel? Peut-elle souscrire à son propre abaissement? Telle est la question qu'il convient de poser à tous ceux qui prétendent que toute réconciliation avec l'Allemagne serait un crime, et il ne faut cesser d'y insister qu'après avoir obtenu une réponse nette et sans ambages. A ceux qui se maintiendraient sur l'affirmative, il n'y a rien à répliquer : ce qui suit ne les regarde pas.

Pour les autres, je poursuis et je dis : Voyons quels avantages découleraient pour la France de son rapprochement avec l'Allemagne.

Admettons, pour un instant, que ce rapprochement soit accompli. Du jour au lendemain, la situation est transformée. La France est libre d'accorder désormais à sa marine une attention particulière; la Méditerranée devient le principal champ de son activité. Il lui est dès lors permis de devenir l'auxiliaire active de la Russie. L'Angleterre perd aussitôt une partie de sa prédominance. L'Autriche, désorientée par l'altération survenue dans la politique de l'Allemagne, devra observer une sage réserve. Quant à l'Italie, privée désormais d'un appui protecteur, elle y regardera à deux fois avant de s'exposer, en se déclarant pour l'Angleterre, à voir sa frontière menacée par les armées de la France.

Je vais, toutefois, plus loin et je dis : Le jour où l'Allemagne ne sera plus contre la France, elle sera avec elle par la force même des choses. J'essayerai de le prouver plus loin.

V

Mais ce rapprochement qui semble si souhaitable au point de vue des intérêts français, est-il possible et n'est-ce pas poursuivre une chimère que de chercher à réconcilier les adversaires de 1870? Si je considérais cette réconciliation comme irréalisable, je n'aurais pas entrepris d'écrire cette étude. Il me reste donc à exposer les motifs de mon opinion.

J'ai essayé de montrer que, dans le cas d'une dislocation de l'Empire ottoman, les Français auraient tout avantage à entretenir des relations cordiales avec leurs voisins de l'Est. Je dirai plus : même si l'hypothèse d'une guerre en Orient ne venait pas à se réaliser, l'intérêt bien entendu de la France lui conseillerait encore de se rapprocher de l'Allemagne, et cette assertion ne constitue pas un paradoxe.

Depuis quinze ans, les Français commettent la faute de penser qu'ils peuvent impunément être à la fois les adversaires de l'Allemagne et de l'Angleterre, ou, du moins, ils agissent comme s'ils le croyaient, ce qui revient au même. Aspirant tout ensemble à reconquérir l'Alsace-Lorraine et à chasser les Anglais d'Égypte, ils se sont mis en antagonisme avec la première puissance militaire du continent et avec celle qui passe à juste titre pour ne pas connaître de rivale sur l'océan. C'était se vouer à l'impuissance, et les Français furent longtemps d'autant plus impuissants que M. de Bismarck avait accompli le tour de force de tenir la France isolée, même après ses revers, comme si c'était encore elle qui pût menacer l'équilibre européen et la paix du monde.

Enfin, la France s'est unie à la Russie par un accord qui a profité également à toutes deux. Liée au grand empire du Nord, la République peut désormais faire entendre sa voix dans le concert européen. Est-ce à dire qu'après avoir conclu cet accord, — et pourquoi ne pas le dire? — cette alliance, les Français n'aient plus qu'à se croiser les bras? Assurément non. Les Français n'ont plus à s'inquiéter des menaces qui peuvent se faire entendre du côté des Vosges. C'est beaucoup; ce n'est peut-être pas assez.

La France est devenue depuis vingt ans une grande puissance coloniale. A ses anciennes possessions elle a joint la Tunisie, le Tonkin, l'Annam, Madagascar et un territoire immense dans l'Afrique équatoriale. Ces conquêtes lui créent des devoirs : elle est moralement tenue de mettre ce vaste empire en valeur et de veiller à sa défense. Or, avec une population stationnaire et d'ailleurs casanière par tempérament, la France est incapable de former rapidement au delà des mers des centres coloniaux en état de pourvoir eux-mêmes à leur sûreté. Longtemps encore elle devra protéger ses colonies effectivement par ses soldats et ses marins. Tant qu'elle vivra en paix avec l'Angleterre, de graves difficultés lui seront certainement épargnées; mais malheur à elle, si l'Angleterre lui cherche querelle. La Grande-Bretagne est la rivale de la France au delà des mers, comme elle est la rivale de tous ceux qui prétendent s'assurer une place au soleil dans les pays nouveaux. Les deux nations que sépare le pas de Calais sont en contact sur un nombre infini de points; qui dit contact, dit conflit possible. Le danger s'aggrave, quand on a pour voisin un peuple ambitieux, avide de gain, fier de ses succès et exempt de scrupules.

Le texte de la double alliance n'a pas été publié, mais on peut conclure des paroles récemment échangées entre l'empereur Nicolas II et le président Faure, qu'elle a un caractère exclusivement défensif : elle semble destinée avant tout à faire contrepoids à la Triple Alliance. S'il est vrai, en effet, que la Triplice ait été uniquement conclue, comme ses auteurs responsables n'ont cessé de l'affirmer, qu'en vue d'assurer la paix en Europe, il est non moins certain que la Duplice tend au même but. La conclusion de l'accord franco-russe a eu seulement pour conséquence de modifier les éléments constitutifs de ce qu'on pourrait appeler le Conseil de la paix, en dépouillant l'empereur d'Allemagne du rôle d'arbitre que les événements lui avaient attribué. Les deux ligues auraient donc pour objet principal le maintien du *statu quo* et du droit international existant, c'est-à-dire du traité de Francfort, comme des autres traités librement consentis. D'où il suit que l'alliance entre Paris et Pétersbourg aboutit au résultat implicite, mais indéniable, de confirmer l'Allemagne dans la paisible possession de l'Alsace et de la Lorraine. Voilà une constatation un peu imprévue, qu'on n'a pas l'habitude d'enregistrer dans la presse française et qui me paraît de nature à dérouter certains raisonnements.

Est-ce à dire que la France ne retire et ne retirera aucun profit des relations intimes qui l'unissent actuellement à la Russie? Bien loin de là. Sans parler des accords ultérieurs que les deux alliées peuvent être amenées à conclure dans l'avenir, la République se trouve désormais, par suite de son alliance, à l'abri d'une agression éventuelle de l'Allemagne.

Cette tranquillité acquise par les Français du côté de la frontière de l'Est ne les met pourtant pas à l'abri de toute préoccupation sur les autres points. Ils peuvent se dire, en effet, qu'un avenir plus ou moins prochain fera naître entre eux et les Anglais de nombreuses occasions de contestation. Comment les régleront-ils? On commencera par des conversations amicales; je ne doute pas qu'on n'arrive parfois à s'entendre. L'exemple de l'Égypte est là, toutefois, pour montrer que lorsqu'il s'agit d'intérêts sérieux, les Anglais font facilement litière des droits d'autrui et qu'ils se soucient même fort peu de leurs propres engagements. Dans ce cas, il faut céder ou se fâcher. La France a toujours cédé jusqu'à présent en Égypte : est-elle disposée à céder toujours?

Il y a en France, je le sais, une école de politiques qui préconisent une entente générale avec l'Angleterre. Ils prétendent qu'il convient, non seulement de faire cesser un antagonisme fatal, mais de nouer avec la Grande-Bretagne des relations intimes dont on pût tirer parti, dans l'avenir, en vue d'une rectification équitable du traité de Francfort. Les uns, déplorant que la France se soit jetée à corps perdu dans les entreprises coloniales, proclament qu'ils se soucient fort peu de ces conquêtes, qu'ils n'entendent pas lâcher la proie pour l'ombre et que, pour se concilier les bonnes grâces de l'Angleterre et pouvoir porter librement leurs regards vers le Rhin, ils sont prêts à faire le sacrifice de toutes les colonies françaises, l'Algérie exceptée, sans tenir compte du sang versé et de l'argent dépensé au delà des mers. Leur manière de voir a le mérite de la logique, mais je doute fort qu'elle soit jamais partagée par la majorité des Français. On aurait pu raisonner de la sorte il y a quinze ans; aujourd'hui il est trop tard : le sort en est jeté.

Les autres estiment qu'on pourrait s'en tirer à moins de frais, et qu'en abandonnant l'Égypte aux Anglais, on ferait cesser la seule cause de dissentiment qui les éloigne de la France. Ceux qui raisonnent de la sorte ne voient pas que sacrifier à l'Angleterre des droits acquis, c'est, non pas éviter le danger, mais simplement le reculer. Pour obtenir la liberté d'organiser l'Égypte à sa guise et de se fortifier sur ce point unique du globe qui commande le canal de Suez, la Grande-Bretagne n'hésitera pas un seul instant à concéder à la France des satisfactions, des compensations même; elle prendrait au besoin tous les engagements qu'on lui demanderait. Mais cinq ans, dix ans, quinze ans plus tard, en Indo-Chine, sur le Niger, à Madagascar, de nouvelles contestations surgiront, et la France se retrouvera en face d'une Angleterre plus forte et par conséquent plus menaçante. Il faut comprendre une bonne fois qu'on ne peut pas s'accorder avec une puissance qui convoite tout. Les Anglais suivent, en matière coloniale, l'exemple des anciens Romains. Avec les Romains, on n'arrivait jamais à conclure que des trêves; on ne cimente pas de traité durable avec l'Angleterre.

A ceux qui pensent qu'avec des concessions opportunes on pourrait amener le cabinet de Londres à signer une alliance avec la Russie et avec la France, alliance qui permettrait à cette dernière de poursuivre avec des chances de succès une politique de revanche, je prends la liberté de soumettre ces deux questions :

1° Peut-il y avoir amitié durable entre l'éléphant et la baleine? En d'autres termes, les intérêts et les ambitions britanniques sont-ils compatibles avec les ambitions et les intérêts russes?

2° Quand a-t-on vu les Anglais se lier par un pacte et y rester fidèles (1)? Quels sont les pays, quels sont les hommes politiques qui ont eu à se louer de la foi britannique? Qui fera jamais à l'alliance anglaise autant de concessions que Napoléon III lui en fit sans autre résultat que de trouver partout et toujours l'Angleterre, son alliée, conspirant contre les intérêts de l'Empire français?

Quand on aura répondu par des arguments sérieux à ces deux questions et particulièrement à la seconde, je reprendrai volontiers la discussion. Pour l'instant, je quitte le champ des chimères et reviens aux points pratiques. Supposons (ce qui peut se produire demain) que les Anglais, rompant définitivement des engagements pris à la face de l'Europe, proclament plus ou moins explicitement l'annexion du pays des Pharaons à l'Empire britannique? Que fera la France? Ou bien, rongeant son frein, elle s'inclinera devant le fait accompli et se bornera à protester, et, dans ce cas, je n'ai pas de nouvelles réflexions à produire; ou bien elle prendra la grave résolution de soutenir ses revendications par les armes.

(1) Qu'on ne m'objecte pas l'exemple des guerres de Napoléon. Directement menacée de mort par le conquérant, l'Angleterre a été l'inspiratrice de la grande coalition. Mais, remarque suggestive : tandis que leurs alliés subissaient de terribles alternatives de succès et de revers, les Anglais développaient leur commerce et s'assuraient l'empire des mers!

Mais, dans une guerre avec l'Angleterre, — que la France y songe bien! — elle serait seule. L'accord franco-russe ne vise pas un conflit de ce genre. La Russie n'est pas tenue d'y intervenir ; son intervention, loin de présenter quelque utilité, serait une source de complications dangereuses, même pour son alliée, car elle provoquerait, selon toute apparence, l'entrée en scène de l'Allemagne et de l'Autriche. Le gouvernement de Saint-Pétersbourg se verrait donc, à regret, contraint de se borner à observer une neutralité bienveillante à l'égard de la France. Dans ce cas, l'Allemagne aurait tout intérêt à rester spectatrice d'une lutte cruelle entre deux adversaires qui ne lui inspirent aucune sympathie, et le cabinet de Vienne ne pourrait qu'imiter l'exemple de celui de Berlin. L'Italie n'hésiterait pas, au contraire, à se jeter dans les bras de la Grande-Bretagne. Par conséquent, d'un côté la flotte française, de l'autre les escadres combinées de l'Angleterre et de l'Italie.

Quelle que soit l'estime qu'inspire la marine française, il n'est pas en Europe un homme compétent qui ne confesse que tous les atouts seraient entre les mains des alliés. A moins d'une surprise invraisemblable, la France serait dès l'abord réduite à une prudente défensive, si ce n'est à l'impuissance. Son commerce maritime serait paralysé comme par enchantement, et ses colonies, encore en enfance, courraient le risque de tomber sans coup férir au pouvoir des Anglais. — Le premier soin de la France serait assurément de dénoncer l'article du traité de Paris qui déclare la course abolie. Elle armerait des corsaires, chercherait à frapper son ennemi dans son commerce et à l'affamer dans son île désormais improductive. Elle irait peut-être jusqu'à reprendre les plans de Napoléon et à préparer une descente en Angleterre. Il est à supposer que ces démarches extrêmes ne resteraient pas sans réponse : elles auraient sans doute pour résultat de réveiller l'esprit de solidarité chez les Anglo-Saxons. Les colonies anglaises fourniraient des volontaires, armeraient à leur tour des irréguliers, et la guerre n'en deviendrait que plus ruineuse. Or le mal qu'on fait à autrui ne compense pas celui qu'on éprouve soi-même. Après une demi-victoire, ou même victorieuse, la France sortirait affaiblie de la lutte et sans une espérance de plus de recouvrer à brève échéance l'Alsace-Lorraine. Vaincue, elle n'aurait plus qu'à suivre l'exemple de l'Espagne : vivre avec les gloires du passé et les rêves de l'avenir !

Ainsi, l'examen attentif des faits amène aux conclusions suivantes : 1° la rivalité séculaire de l'Angleterre et de la France, un moment assoupie, s'est réveillée depuis que cette dernière puissance s'est jetée dans une politique d'extension coloniale ; 2° la France, ne pouvant compter, en cas de conflit, que sur l'appui moral de la Russie, se trouverait, vis-à-vis de l'Angleterre, dans un état d'infériorité écrasante.

Cette simple constatation renferme un enseignement. Il semble que les hommes d'État qui dirigent les conseils de la République devraient faire leur possible pour modifier une situation aussi désavantageuse pour leur pays. Mais à quel concours faire appel en ce moment, et quelle est la puissance qui pourrait être amenée à s'unir à la France dans un but de défense commune contre les entreprises ultérieures de l'Angleterre? L'Autriche ne compte pas comme puissance maritime; l'Italie admet que son intérêt lui commande d'être l'auxiliaire ou plutôt le satellite de la Grande-Bretagne; les États-Unis affectent de ne pas s'intéresser aux compétitions des puissances européennes et entendent réserver en toutes choses leur liberté d'action.

Reste l'Allemagne.

En vingt-cinq ans de paix, ce pays s'est transformé. L'Allemagne est devenue puissance maritime de premier ordre; son commerce extérieur a pris un développement inattendu, et elle a acquis de vastes domaines en Afrique (1). Les Anglais n'ont pas vu sans inquiétude, sans jalousie, l'intervention de ces nouveaux venus, qui ne craignaient pas de porter leur redoutable concurrence sur le terrain même où les Anglo-Saxons se croyaient chez eux. De leur côté, les Allemands, qui out grandi rapidement, ne supportent pas sans colère les attitudes hautaines et les procédés trop souvent arbitraires de la Grande-Bretagne. L'affaire du Transvaal, l'incident de Zanzibar attestent la profondeur de ces

(1) Il me serait facile d'invoquer les statistiques et de citer des chiffres à l'appui cette assertion. Je me contente de renvoyer aux ouvrages spéciaux les lecteurs imparfaitement renseignés.

sentiments réciproques. La lettre de Guillaume II au président Krüger a subitement éclairé une situation inconnue du grand public européen. Elle a failli mettre le feu aux poudres. La querelle, il est vrai, n'a pas eu de suites immédiates. Les Anglais qui, au fond, redoutent les hasards et surtout les dépenses d'une grande guerre, ont dissimulé leur retraite sous l'apparat d'armements improvisés. L'empereur d'Allemagne, qui sentait le cœur de la patrie germanique à l'unisson du sien, n'a pas sorti l'épée du fourreau, parce que, sans allié pour un tel conflit, placé en face d'une France ennemie, il ne pouvait affronter sur son élément la reine des mers. Mais, qu'on ne s'y trompe pas, le sentiment des injures échangées est resté présent de part et d'autre. La politique a pu contraindre les passions à se taire momentanément; elles n'attendent qu'une occasion pour reparaître.

Que conclure de ce qui précède, sinon que l'entente, que la France ne saurait conclure avec l'Italie ou l'Amérique contre l'Angleterre, serait facilement praticable avec l'Allemagne? Entre ces deux pays, il y a inimitié, parce qu'il reste une question à régler; mais il y a aussi des intérêts communs.

VI

Mais à quelles conditions le rapprochement est-il possible?

On ne saurait le répéter assez souvent : c'est uniquequement la question de l'Alsace-Lorraine qui divise les deux nations. Les Français n'ont pu se résoudre à considérer le traité de Francfort comme un accord définitif. Les Allemands, de leur côté, ne cessent de répéter qu'il forme la base du droit public actuel et qu'il n'y a pas à revenir sur le passé.

Les Français ont-ils eu raison de réserver l'avenir et de rester froidement irréconciliables, après vingt-six ans écoulés, et n'auraient-ils pas mieux fait de suivre l'exemple de l'Autriche qui, oubliant le désastre de Sadowa, s'est unie à son vainqueur par des pactes successifs? Il serait oiseux de le rechercher. Ce qu'il importe de constater, c'est que l'opinion publique ne paraît pas sur le point de se convertir. Sans doute, les nouvelles générations françaises, qui n'ont pas assisté à la tragédie de 1870, ne laissent pas voir la même vivacité dans leurs rancunes que leurs aînées; mais elles ne constituent pas encore une majorité, et je pense fermement, avec beaucoup d'hommes politiques, que le moment n'est pas venu pour demander aux Français le sacrifice complet de leurs espérances. L'exode des jeunes gens qui, chaque année, traversent la frontière à leurs risques et périls, pour ne pas servir sous les drapeaux allemands, ne permettrait pas d'ailleurs à la France de souscrire à un abandon définitif sans quelque lâcheté.

D'autre part, les Allemands ne sont pas moins résolus que par le passé à défendre par tous les moyens les conquêtes qu'ils doivent à des victoires si chèrement achetées.

Donc, sur la base du *statu quo* comme sur celle d'une restitution intégrale, il n'y a pas, ce semble, moyen de s'entendre, quels que puissent être, d'ailleurs, les avantages que présenterait un accord.

Mais n'y aurait-il pas possibilité de concilier deux prétentions qui, à première vue, paraissent inconciliables? Cela ne me semble pas douteux.

Il convient tout d'abord de mettre en lumière ce fait que le traité de Francfort a produit deux résultats qui, tout en se confondant en apparence, n'en sont pas moins essentiellement distincts : 1° il a gratifié l'Allemagne d'une frontière défensive de premier ordre; 2° il a privé la France de la sienne.

Je m'explique. Les Allemands, en acquérant l'Alsace et Strasbourg, n'ont pas seulement recouvré des terres qu'ils considèrent comme d'essence germanique, dont ils avaient été dépouillés par la force des armes; ils se sont assuré un véritable rempart contre toute agression française. Désormais ils sont chez eux et ils possèdent la clef de leur maison.

L'annexion de la Lorraine ne se justifie pas par des raisons du même ordre. La Lorraine n'est pas habitée par une population de race germanique. D'autre part, et c'est là le point essentiel, Metz constitue beaucoup moins une place de sûreté qu'un poste avancé, une position d'attaque. Les Allemands eux-mêmes l'ont avoué. Il n'y a donc aucune exagération à reconnaître que la ville de Metz et son territoire assurent à l'Allemagne la faculté de pénétrer au cœur de la France presque sans coup férir, les barrières artificielles ne remplaçant jamais qu'imparfaitement celles de la nature. Ainsi les Français ne se sont pas vus seulement, à la suite de leurs revers, dépouillés d'une partie de leur patrimoine, mais ils ont cessé d'être chez eux dans ce qui leur reste.

Or, s'il est équitable que les Allemands vivent en sûreté dans leurs frontières, il l'est infiniment moins qu'ils puissent inquiéter à perpétuité un voisin avec lequel ils ont renoué des relations normales. Je vais plus loin et je dis : Le principal résultat que les Allemands ont retiré des victoires de 1870, c'est la reconstitution de l'empire d'Allemagne dans ses limites naturelles. Or, les clauses léonines du traité de Francfort, qui stipulent l'annexion de Metz à l'Allemagne, créent une situation instable qui, rappelant inutilement l'état de guerre, est de nature à le faire renaître et tend, par conséquent, à un but diamétralement contraire à celui que les vainqueurs devaient se proposer : la conservation du principal fruit de leurs victoires.

L'Allemagne doit donc admettre qu'une rectification de frontières ne répugne pas plus à ses intérêts qu'à ses droits, et se résigner à abandonner cette portion de territoire qui, n'ayant pas d'attaches naturelles avec l'Empire tel qu'il est constitué aujourd'hui, forme comme une enclave sur le sol français, menace la République voisine et oblige les Français à tourner constamment leurs regards avec inquiétude vers l'Est, pour voir si quelque gros orage ne se lève pas à l'horizon.

Quelle serait cette portion de territoire? Je ne prendrai certes pas la liberté grande de le déterminer. Une commission mixte composée des chefs respectifs de l'état-major serait tout indiquée pour remplir cet office, et elle devrait se baser sur les considérations développées ci-dessus. On peut avancer, toutefois, je présume, sans témérité, que la cession éventuelle devrait porter sur Metz et une bande de territoire d'une profondeur raisonnable.

L'empereur d'Allemagne aurait, de plus, tout avantage à octroyer à l'Alsace un ensemble de libertés organiques aussi ample que possible. Il diminuerait ainsi l'amertume des regrets qu'Alsaciens et Français ne peuvent manquer d'éprouver à se séparer définitivement les uns des autres, et il effacerait les dernières traces des événements de 1870.

De leur côté, les Français ne peuvent refuser d'admettre que la victoire a assuré aux Allemands un juste dédommagement des risques qu'ils ont courus et des pertes qu'ils ont subies ; qu'en tout cas il y aurait folie à prétendre que le vainqueur se dépouille bénévolement du fruit de ses victoires ; que le jour où ils auraient récupéré ce qui leur manque pour se trouver en sûreté chez eux, ils auraient pourvu au point le plus essentiel ; qu'enfin le rapprochement est à ce prix et qu'ils pourraient regretter amèrement plus tard d'avoir laissé échapper l'occasion de liquider honorablement une situation délicate, en assurant l'avenir de leur pays (1).

VII

Je viens d'exposer dans quelles conditions une rectification de frontières, prélude d'un rapprochement sincère, paraîtrait acceptable pour les deux partis. S'ensuit-il qu'une proposition ayant un pareil objet serait acceptée de part et d'autre, si elle venait, d'aventure, à être faite?

Non, si cette proposition était lancée à brûle-pourpoint. Oui, si avant de la risquer on préparait l'opinion des deux côtés du Rhin.

(1) Les circonstances m'ont mis en rapport avec un certain nombre d'officiers français occupant de hautes situations dans leur pays. J'ai pu constater, en causant familièrement avec eux, que l'opinion de l'armée française ne serait probablement pas hostile à un rapprochement basé sur des concessions réciproques, pourvu que la France obtînt une frontière véritable et les points défensifs qui lui font défaut.

Il importerait, par conséquent, qu'une campagne sérieuse, habile, énergique, persévérante, fût entreprise à cet effet. Du côté allemand, pour que cette campagne réussît, il suffirait que l'Empereur la tolérât. Ce pays est gouverné par un jeune prince qui a prouvé aux incrédules qu'il connaît son peuple et qu'il sait où il va. Convaincu que l'Empire a tout intérêt à faire disparaître, fût-ce au prix de quelques sacrifices, les dernières traces d'un antagonisme inutile certainement, et peut-être dangereux, il n'aurait pas de peine à persuader ses sujets, encore moins à les entraîner avec lui. Celui qui écrit ces lignes a pu se convaincre, par ses propres oreilles, que nombre d'Allemands salueraient avec joie un événement qui, en scellant définitivement l'unité, laisserait à l'Empire ce qu'ils considèrent comme ses véritables frontières, c'est-à-dire l'Alsace. Déjà en 1871, M. de Bismarck s'était montré le partisan d'une restitution de Metz à la France, mais il dut courber la tête devant les arguments que M. de Moltke fit valoir contre une combinaison de ce genre. Le maréchal se contenta de demander au chancelier s'il se portait garant que la cession de Metz assurerait, pour de longues années, la paix entre les deux adversaires. M. de Bismarck n'ayant pu se montrer aussi affirmatif, de Moltke conclut que Metz valait un corps d'armée et que l'Allemagne ne pouvait consentir à se désarmer volontairement.

Mais si, après vingt-sept ans d'une froide réserve, la France se résignait à faire publiquement l'abandon de ses idées de revanche, la sincérité d'un tel acte ne saurait être révoquée en doute par personne en Europe, et les Allemands ne sauraient plus opposer aux protagonistes d'un juste rapprochement l'argument du maréchal de Moltke.

En France, la campagne devrait être menée avec une habileté particulière, par un homme d'État réputé qui ne reculerait pas devant la responsabilité de ses actes. Or, par le temps qui court, on trouve des intelligences partout et des volontés nulle part. La plupart des hommes politiques en vue hésiteront, je n'en doute pas, devant le risque de perdre leur popularité dans une pareille galère. Pourtant, comme c'est à celui qui *osera* que sera réservée sans doute la première place dans la reconnaissance publique, il y a apparence qu'il se rencontrera un jour ou l'autre.

Qu'on fasse pourtant attention à ceci :

L'Anglais est passé maître en fait de machiavélisme, et l'Anglais sait parfaitement reconnaître ce qui lui est utile. Ce qu'il veut, ce qu'il met toute son énergie à obtenir aujourd'hui comme autrefois, c'est l'empire du monde, sinon pour lui, du moins pour sa race. Il a jeté sur la sphère terrestre un regard inquisiteur, et a reconnu que, des cinq continents qu'elle renferme, l'Europe est le plus petit et tout à la fois le plus difficile à conquérir. Il a jeté son dévolu sur les quatre autres, et si on ne vient pas promptement se mettre en travers, il en sera bientôt le civilisateur et le maître.

C'est pour cela que la Grande-Bretagne s'est montrée

invariablement l'ennemie acharnée, mortelle, de toutes les nations maritimes et colonisatrices. Elle a successivement poursuivi l'Espagne et la France; elle est devenue récemment l'adversaire de l'Allemagne; on en a eu la preuve lors de l'invasion du Transwaal.

En ce moment, l'Angleterre craint la Russie qui lui dispute l'Asie, la France et l'Allemagne qui élèvent la prétention de partager avec elle la possession de l'Afrique. Que ces nations s'unissent un jour, l'hégémonie britannique est en danger. L'Angleterre fera donc tout ce qui dépendra d'elle pour prévenir une aussi redoutable éventualité, il n'y a pas un doute à cet égard. Elle dépensera, s'il le faut, des millions de livres sterling pour acheter les journaux, pour corrompre les hommes. Au besoin, elle recourra aux grands moyens, aux coups de théâtre inattendus. Elle ne reculera devant rien. L'histoire est là pour protester que je n'exagère pas.

A mon avis, c'est de ce côté qu'est le danger.

Lors de la conclusion de la paix sino-japonaise, l'Angleterre a vu éclore une triple alliance d'un nouveau genre; elle a vu la France marchant d'accord avec la Russie et avec l'Allemagne. N'était-ce pas là un signe des temps? L'année suivante, une autre occasion de faire front à l'Angleterre s'offrait à la France : l'empereur Guillaume avait lancé à John Bull un sanglant défi. Le gouvernement de la République n'avait qu'un mot à dire, qu'un geste à esquisser; la nouvelle triple alliance était constituée de toutes pièces contre la Grande-Bretagne. C'était la question égyptienne mise sur le tapis en même temps que celle de l'Afrique australe. Il sembla un moment que les hommes auxquels le gouvernement de la France était remis, avaient compris la signification des événements, l'importance capitale d'une décision hardie. Les Anglais, alors en litige avec les États-Unis, durent sentir passer dans leurs membres un froid mortel. Mais comme ils poursuivent un but défini, profitant avec habileté des hésitations de la France, ils trouvèrent moyen d'évoquer dans la presse française le spectre de 1870, en même temps qu'ils faisaient miroiter devant les yeux grands ouverts des hommes d'État de ce pays les avantages multiples d'une entente définitive. Un ministre put se leurrer, un instant, de l'espoir décevant de profiter de la querelle qui divisait les deux adversaires traditionnels de la France; puis, comme il fallait opter, il inclina vers les Anglais qui étaient les plus offrants, *dona ferentes!* Les nouveaux Grecs proposaient le règlement immédiat d'affaires secondaires, et donnaient pour le reste de magnifiques assurances. M. Berthelot tira les marrons du feu, croyant les avoir déjà sous sa dent.

L'Anglais dut rire sous cape. L'empereur Guillaume, blessé, répondit peu après à la démarche de la France en souscrivant à la campagne du Soudan, que le cabinet de Londres venait de décider à la barbe du ministre français. La République était jouée par l'Angleterre et abandonnée par l'Allemagne. Le règlement de la question d'Égypte était reporté aux calendes grecques.

Si ce dernier exemple, après tant d'autres, de l'insatiable ambition des Anglais et de leur duplicité ne parvient pas à éclairer l'opinion publique en France sur ses véritables intérêts, il convient d'abandonner ce pays à ses illusions : *Quos vult perdere Jupiter dementat !*

Reste un dernier point à élucider : la Russie verrait-elle d'un bon œil un rapprochement entre la France et l'Allemagne? Sans être dans le secret des dieux, on peut répondre :

1° La Russie a déjà accepté l'idée d'une triple alliance avec la France et l'Allemagne, puisque cette triple alliance s'est formée il y a deux ans, dans le but de régler les conditions de la paix entre la Chine et le Japon, et que c'est la Russie qui a retiré les meilleurs fruits de cette combinaison ;

2° La Russie n'a pas de revendications à exercer contre l'Allemagne. Les deux empires ont presque toujours entretenu entre eux les meilleurs rapports. Le cabinet de Saint-Pétersbourg a, au contraire, des raisons aussi nombreuses que l'Allemagne et la France de considérer les Anglais comme des adversaires dangereux ;

3° On a vu que si la succession turque venait à s'ouvrir actuellement, la Russie serait contrainte, pour diminuer le nombre de ses ennemis, de désintéresser l'Autriche en lui abandonnant la part du lion dans la péninsule balkanique. Une réconciliation de l'Allemagne et de la France, permettant à cette dernière d'entrer en ligne, changerait, au contraire, la face des choses et mettrait la chancellerie russe en état de se montrer moins accommodante dans ses relations avec le cabinet de Vienne;

4° On admet enfin sans arrière-pensée à Saint-Pétersbourg que les Français ne sont tenus d'observer que les engagements auxquels ils ont souscrit, et qu'ils sont absolument libres de pourvoir à leurs intérêts comme ils l'entendent, à condition, bien entendu, que leurs actes ne portent pas préjudice aux droits légitimes et aux intérêts de la Russie.

Ainsi, non seulement l'idée d'un rapprochement entre l'Allemagne et la France n'a rien en soi qui puisse inquiéter la Russie, mais un tel rapprochement pourrait, à plusieurs égards, lui être utile. La diplomatie russe serait admirablement placée pour servir d'intermédiaire officieuse entre les deux adversaires de 1870. Le cabinet de Saint-Pétersbourg ne refuserait certainement pas, si on l'en priait, de poser discrètement à Paris et à Berlin les questions qui devraient servir de base aux négociations ultérieures, et, le cas échéant, il aurait assez d'autorité pour éclairer chacune des deux nations sur les avantages d'une réconciliation loyale et sur la nécessité de concessions réciproques.

A bon entendeur salut!

CONCLUSION

Il est temps de conclure.

De l'avis des gens bien informés, une catastrophe peut survenir d'un moment à l'autre en Orient. Pour précipiter les événements, il suffit d'un incident fortuit, de la démarche inconsidérée ou perfide d'une seule puissance. Cela est indiscutable. La sagesse conseille, par conséquent, à chaque État de se tenir prêt à toute éventualité. Si le pouvoir du Sultan vient à disparaître, c'est presque fatalement la guerre. Or, dans les conjonctures actuelles, la France serait, pour ainsi dire, réduite au rôle de spectatrice passive des événements, retenue qu'elle serait, d'un côté par la possibilité d'une agression de l'Allemagne, de l'autre par la supériorité des forces navales dont l'Angleterre pourrait disposer. La Russie serait obligée de conclure un arrangement spécial avec l'Autriche. L'Italie, partagée entre son désir de soutenir l'Angleterre et la crainte d'être abandonnée par ses alliés allemands et autrichiens, se tiendrait vraisemblablement sur la réserve. La lutte se réduirait ainsi, selon l'expression pittoresque de M. de Bismarck, à un duel entre l'éléphant et la baleine. Il est inutile de vouloir en pressentir l'issue.

Ce qu'il convient de retenir, c'est que la France ne

saurait demeurer plus longtemps sans un péril extrême dans la situation où les derniers événements l'ont momentanément placée. Modifier coûte que coûte cet état de choses est moralement pour elle une question de vie et de mort.

Or, il se trouve que, de toutes les combinaisons possibles, une seule offre un caractère suffisant d'efficacité : un rapprochement avec l'Allemagne. Je crois, du moins, l'avoir démontré.

Ce rapprochement, la chancellerie russe pourrait, devrait aider les deux intéressés à le réaliser au plus vite, car, dès qu'il aurait eu lieu, la force même des choses conduirait la Russie, la France et l'Allemagne à se donner la main et à conclure une alliance, par cette raison supérieure qu'elles ont un adversaire commun : l'Angleterre.

Ce serait la résurrection, sur une plus vaste échelle, de la Triple Alliance conclue, il y a deux ans, pour l'Extrême-Orient. France, Allemagne, Russie unies, c'est la paix de l'Europe assurée sur un fondement indestructible, c'est la perspective d'un règlement pacifique de la question d'Orient, c'est la liberté des mers et l'expansion coloniale assurée à tous, c'est la fin de l'hégémonie anglo-saxonne !

PARIS

TYPOGRAPHIE DE E. PLON, NOURRIT ET Cie

Rue Garancière, 8.